Enigma en el laberinto de maíz

Rosa María García Muñoz

Edi numen

ISBN: 978-84-9848-409-0
ISBN con CD: 978-84-9848-416-8
Depósito Legal: M-3583-2013
Impreso en España
Printed in Spain
Coordinación colección:
Pedro Tena Tena

Ilustraciones, diseño y maquetación:
Carlos Yllana

Impresión:
Gráficas Glodami. Coslada (Madrid)

Editorial Edinumen
José Celestino Mutis, 4. 28028 - Madrid
Teléfono: 91 308 51 42
Fax: 91 319 93 09
e-mail: edinumen@edinumen.es
www.edinumen.es

Enigma en el laberinto de maíz

Este libro es de...

Nombre..

Apellido(s)..

Dirección..

....

País ....

Edi numen

Índice:

Actividades:
antes de la lectura

1. Esta lectura está relacionada con México. México es un gran país donde se habla español. Aquí tienes un mapa de la América hispana. ¿Sabes dónde está México? ¿Y los otros países de habla hispana?

Te vamos a ayudar con este cuadro. Nosotros escribimos los países y tú escribes el número que tienen en el mapa.

país	número	país	número
Argentina	....	México	....
Bolivia	....	Nicaragua	....
Chile	....	Panamá	....
Colombia	....	Paraguay	....
Costa Rica	....	Perú	....
Cuba	....	Puerto Rico	....
Ecuador	....	República Dominicana	....
El Salvador	....	Uruguay	....
Guatemala	....	Venezuela	....
Honduras	....		

2. ¿Sabes que...?

México, oficialmente llamado **Estados Unidos Mexicanos**, tiene una superficie cercana a los 2 millones de km^2 y unos 112 millones de personas. Es el país con mayor número de hispanohablantes en el mundo, el español es la lengua más hablada pero también reconoce 67 lenguas indígenas[1].

México es una república formada por 31 estados federales y el Distrito Federal. La capital es México D.F. ¿Puedes marcarla en el mapa?

[1] Fuente: *http://es.wikipedia.org/wiki/Mexico*

3. ¡A ver qué conoces de México!

Estas palabras están relacionadas con México y su cultura. ¿Sabes qué significan? Un diccionario, una enciclopedia o Internet pueden ayudarte, si lo necesitas. Luego, **encuéntralas** en el crucigrama y **descubre** una palabra escondida que tiene mucha relación con esta historia.

charro **chihuahua** **guitarrón** **magüey** **taco**
mariachi **pirámide** **sombrero** **tamal** **tortilla**

1. 
2. 
3. 
4. 
5. 
6. 
7. 
8. 
9. 
10. 

La palabra escondida es:

....

....

4. El laberinto de 

De México vienen muchos productos, como el aguacate o palta, la batata o camote, el cacahuete o maní, el cacao, la calabaza o zapallo, el chile o pimiento picante, el frijol o poroto, la mandioca o yuca, el , el nopal, la pita o magüey, el tomate o jitomate, la vainilla…

¿Sabes identificarlos en estas imágenes?

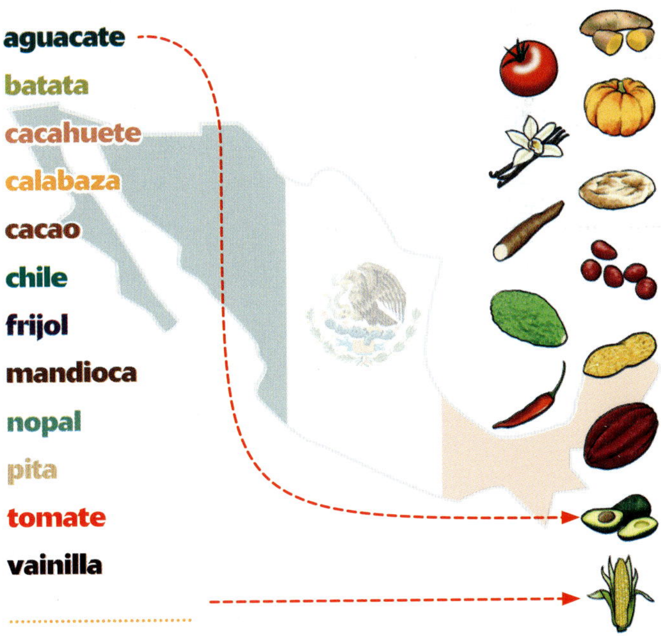

5.

El  **era** un alimento básico de los antiguos pueblos de México. Dos de estos pueblos **eran** los

□□□□□

y los

□□□□□□□

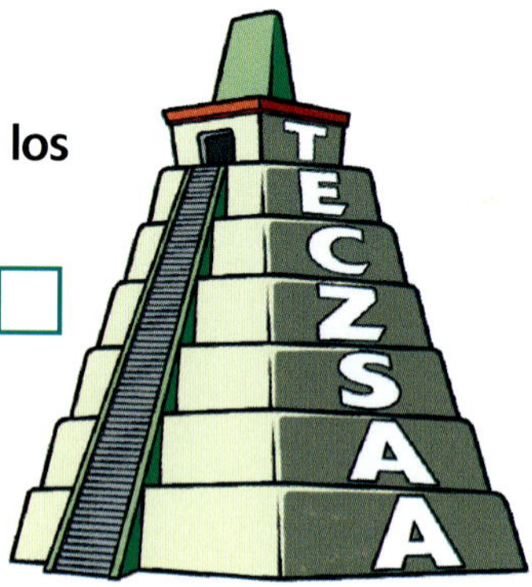

También el  **era** sagrado para ellos porque **creían** que los dioses **crearon** a los hombres del .

Capítulo primero

El regalo

Mira lo que te **he traído** –me dice Tere, mostrándome un pequeño objeto hecho con piedras de colores–. Lo **ha encontrado** César en un **laberinto**.

Tere es mi mejor amiga y César es su **mascota**, un simpático y travieso perro... Siempre me trae algo cuando vuelve de viaje porque se acuerda de mí. Yo también la echo mucho de menos cuando no está aquí... Es que nos lo pasamos muy bien juntos. Este verano, ella y su familia **han ido** hasta Santiago de Compostela porque es un año especial: Año Santo Compostelano. **Han vuelto** hoy.

–¿Y **entraste** en un **laberinto**? ¿En el Camino de Santiago?

–Sí, sí, en un **laberinto**... de **maíz**. Increíble, ¿no? Mi mamá me **ha contado** que cada año el **laberinto** es diferente y que esconde un **enigma**, un **dibujo misterioso** que hay que descubrir.

–¡**Oh**! ¡Es fantástico! ¿Y tú lo **has descubierto**?

–Buenooo... Es que mi papá **empezó** a ponerse nervioso porque **decía** que **teníamos** que llegar a León antes de las 9 y que lo del **enigma** **era** una tontería, así que **tuvimos** que salir del **laberinto** y nos **fuimos**.

–¡Qué mal!

–Sí, sí... porque yo creo que el **laberinto** esconde algo. Pero **tuve** que obedecer a mi papá.

–¿Y cómo **salisteis** de allí?

–¡**Oh**! Eso no **fue** fácil, porque César **se escapó** y **tuve** que ir a buscarlo. **Espera**, te voy a enseñar lo que **hice** para no perderme.

Tere saca de su **mochila** un papel y lo desdobla. Es un dibujo.

–¡**Mira**! Antes de entrar, **subimos** a una torre de madera para poder ver todo lo grande que es el **laberinto** y yo **hice** este dibujo. **Fue** una buena idea porque me **sirvió** para encontrar a César y salir del **laberinto**.

En el papel hay varios **círculos**. El primero está compuesto por **cuadrados**; el segundo es más complicado porque hay formas diferentes, como **triángulos** y **rectángulos**; después, hay otro, dividido también en pequeños cuadrados y, dentro de este, otro con formas geométricas. Y en el centro de todo, otro **círculo**.

–¡**Súper**! **Eres genial**, Tere. Pero… qué dibujo tan extraño, parece una figura –digo mirando el papel.

—Sí, pero no sé lo que es. Mira, esta es la entrada. A la derecha y a la izquierda hay dos máscaras que representan la cabeza de una serpiente con la boca abierta… ¿A que dan miedo? Después, decidimos ir por la izquierda y, cuando llegamos al final de la serpiente, César se escapó. Fui por todas estas partes hasta que lo encontré aquí con esto en la boca.

—Gracias, César, aunque debes de seguir cansado de tu aventura porque no te mueves, ¿eh?

César me mira con ojos tristes y emite un guauuuuuuuu...................... largo y bajito.

—Parece un pez o una especie de cuchillo —dije mirando ahora mi extraño regalo—. ¡Uy, qué tarde es! Mañana me cuentas más, ¿vale? ¡Ah! Y gracias por el regalo, Tere.

¡Me encantaaaaaaaaaaaaa!

Actividades:
con la lectura (I)

1. Nombres y apellidos

Los españoles tienen un nombre y dos apellidos (el del padre y el de la madre). Los apellidos se mantienen durante toda la vida y no cambian cuando los españoles se casan.

Los **nombres propios** más utilizados por los españoles son:

Nombre de mujer	Nombre de hombre
1. María Carmen	1. Antonio
2. María	2. José
3. Carmen	3. Manuel
4. Josefa	4. Francisco
5. Isabel	5. Juan
6. Ana María	6. David
7. María Dolores	7. José Antonio
8. María Pilar	8. José Luis
9. María Teresa	9. Javier
10. Ana	10. Jesús

Y los **apellidos** más comunes en España son:

1. García
2. González
3. Rodríguez
4. Fernández
5. López
6. Martínez
7. Sánchez
8. Pérez
9. Gómez
10. Martín

Fuente: *Explotación Estadística del Padrón (01/01/2011) Instituto Nacional de Estadística.*

En España, el **primer apellido** suele ser el del padre y **el segundo** el de la madre:

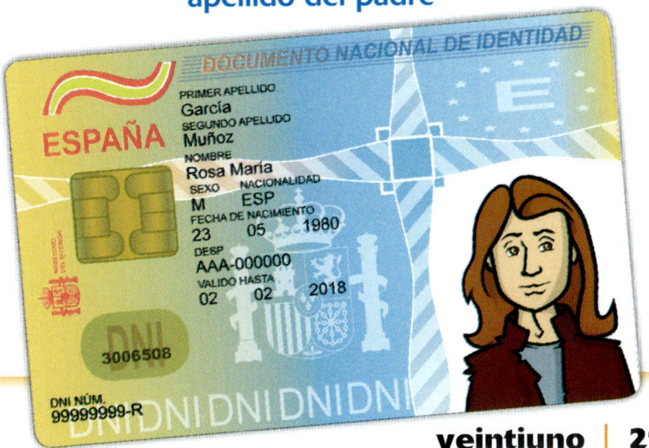

Los protagonistas de esta historia son **Javi** y **Tere**. Javi es el nombre familiar de Javier y Tere el de Teresa. Podemos llamar a una persona por el nombre propio o por el nombre familiar. Los nombres familiares se usan entre amigos y, a veces, en el trabajo.

Mira, estos son unos de los nombres familiares más frecuentes. ¿Puedes relacionarlos con su nombre propio?

Nombre familiar	Nombre propio
1. Mari	a. Francisco
2. Conchi	b. Juan José
3. Lola	c. Rosario
4. Chus	d. Dolores
5. Pepe	e. Concepción
6. Manolo	f. María Teresa
7. Paco	g. Mercedes
8. Merche	h. José
9. Juanjo	i. María
10. Charo	j. María Jesús
11. Maite	k. Manuel

2. Nacionalidades

Javi es español porque es de España. ¿Conoces la nacionalidad de los países hispanos de América? Te vamos a ayudar, nosotros ponemos las consonantes y tú las vocales, ¿vale?

Ejemplo:

Argentina	a r g e n t i n o

Y ahora tú:

Bolivia	b _ l _ v _ _ n _
Chile	c h _ l _ n _
Colombia	c _ l _ m b _ _ n _
Costa Rica	c _ s t _ r r _ c _ n s _
Cuba	c _ b _ n _
Ecuador	e c _ _ t _ r _ _ n _
El Salvador	s _ l v _ d _ r _ ñ _
Guatemala	g _ _ t _ m _ l t _ c _

Honduras	h _ n d _ r _ ñ _
México	m _ x _ c _ n _
Nicaragua	n _ c _ r _ g _ _ n s _
Panamá	p _ n _ m _ ñ _
Paraguay	p _ r _ g _ _ y _
Perú	p _ r _ _ n _
Puerto Rico	p _ _ r t _ r r _ q _ _ ñ _
República Dominicana	d _ m _ n _ c _ n _
Uruguay	_ r _ g _ _ y _
Venezuela	v _ n _ z _ l _ n _

Si quieres saber más sobre el mundo hispano de América, puedes ir a:

http://es.wikipedia.org/wiki/Hispanoamerica

Capítulo segundo

El sueño

Hola, ¿está Tere? –pregunto a su mamá cuando me abre la puerta.

–Sí, pero hoy no va a salir porque César no está bien.

–Es que tengo que contarle algo importante…

–Pues, **pasa**.
Está en su habitación.

–Hola, Tere. Tú mamá dice que César **está malo** –digo entrando en la habitación de mi amiga.

–No sé qué le pasa. No se mueve y tampoco quiere comer. ¡Pobre César! Pero, Javi, ¿qué te pasa? **Te has puesto pálido**. Estás tan blanco como la pared.

–Entonces es verdad…

He contado a Tere lo que esta noche me **ha pasado**. **Ha sido** algo muy, muy **raro**. **Rarísimo**. **He soñado** que una **cara de piedra** me **hablaba**. Me **dijo** que **era** el **dios Sol de los aztecas**, que yo **tenía** un objeto suyo y que lo **tenía** que devolver al **laberinto de maíz** antes de ponerse totalmente de color **rojo**. Si no lo **hacía** así, **iba** a castigar al ladrón convirtiéndolo en piedra.

–César se mueve menos que ayer y, **mira**, el **cuchillo de piedra** **ha empezado** a ponerse **rojo**.

Tere y yo miramos el **cuchillo**, después miramos a César, luego nos miramos y, finalmente, tenemos miedo porque **hemos comprendido** que el sueño puede ser verdad: el objeto es el **cuchillo de piedra**, el ladrón es César y entonces…

Actividades:
con la lectura (II)

1. Partes de la cara

Esta es la cara que Javi **vio** en su sueño. ¿Sabes cómo se llaman las partes de la cara? **Escribe** una letra encima de cada raya.

2. Las partes del cuerpo

Un dios muy importante para los aztecas es **Quetzalcóatl**, que significa "Serpiente emplumada". En esta imagen se está comiendo a un prisionero. ¿Puedes decir cómo se llaman las partes del cuerpo que están marcadas?

3. La ropa

Los hombres aztecas usaban un *maxtle* o **taparrabo (1)**, una **manta (2)** y una especie de sandalias llamadas *cactli* **(3)** que solo tenían talonera y tiras para ser anudadas a la pantorrilla. ¿Puedes identificar la ropa en las imágenes?

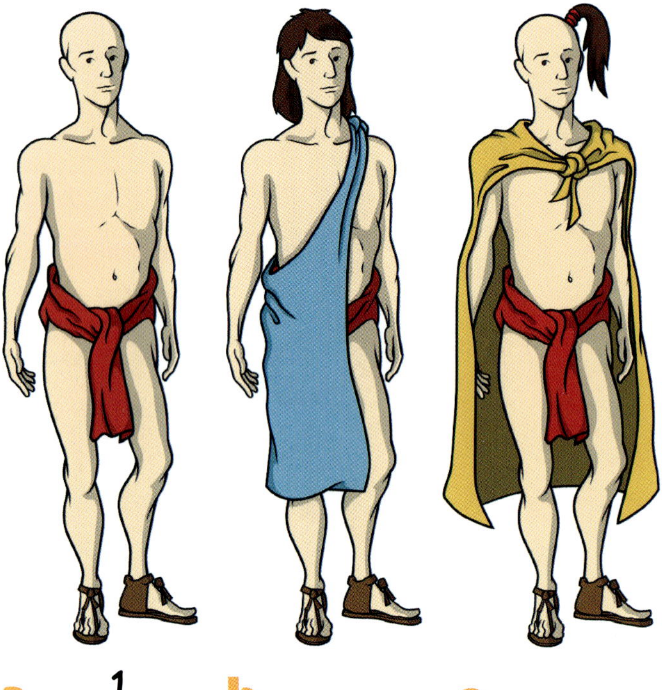

a. 1 .... b. .... c. ....

Las mujeres aztecas llevaban una **camisa (1)**, que llamaban *huipil,* debajo una **falda (2)** y una **mantilla** o chal, llamado *quechqueemitl* **(3)**. ¿Puedes identificar la ropa en las imágenes?

Esta ropa es muy diferente a la de Javi y Tere. ¿Sabes cómo se llama la ropa que llevan?

a. ....

b. ....

c. ....

d. ....

e. ....

Capítulo tercero

Descubriendo el enigma

Tengo que ir al **laberinto**, encontrar la cara de piedra y dejar el cuchillo donde **estaba** para salvar a César.

–¿**Ehhh**? ¡Estás loco! ¿Cómo vas a ir? Tus papás no te van a dejar.

–Es verdad... ¡**Ya lo tengo**! ¡Mi hermana Rosita!

Seguro que quiere ir conmigo para descubrir el **enigma** que esconde el **laberinto**.

Mi hermana Rosita es mayor que yo. Estudia Historia en la universidad y le gustan las antiguas civilizaciones, los **enigmas**, la astrología y esas cosas. Además, le encanta viajar y descubrir lugares nuevos.

–¡Qué idea! ¡**Es genial**! **Oye**, **lleva** a tu hermana el **dibujo** que **hice** del **laberinto**. A lo mejor ella puede saber qué es. ¡Ah! ¡Y coge también ese mapa de España! El laberinto está aquí –dice Tere señalando un punto verde en el mapa, cerca de León.

¡No lo puedo creer! ¡Es alucinante! –exclama Rosita mirando el plano de Tere y el cuchillo de piedra–. ¡Qué historia! Si no lo veo, no lo creo... Y, mira, el cuchillo está más rojo que antes... ¡Pobre perrito, creo que nos ha metido en un buen lío!

–¿Y por qué crees eso, Rosita? ¿Qué ha hecho César?

–Un momento, te voy a enseñar algo –me dice mi hermana mientras enciende el ordenador y busca algo en Internet–. Mira esta imagen y mira el dibujo de Tere.

–¡Ohhh! Sí que se parecen.

En la pantalla del ordenador hay una imagen en color. Es un círculo que dentro tiene otros círculos con dibujos y, en el centro, hay una cara con la lengua fuera.

–Y ahora, **fíjate** en la cara del centro: ¿cómo es la lengua?

–Pues...

Intento mirar con atención. La forma y los colores me recuerdan algo...

–¡**Anda**! ¡Si es como el **cuchillo de piedra**!

De pronto, me viene una idea y comprendo lo que mi hermana me quiere decir.

–¡El **laberinto** tiene esta forma y César **ha robado** el **cuchillo-lengua**...!

–Muy bien, chico listo –me dice mi hermana con una gran sonrisa.

Después, me mira muy seria y me dice:

–No hay tiempo que perder. Vamos en mi coche. **Coge** tu **mochila** y **mete** el mapa, el plano, el **cuchillo de piedra**, algo para comer y unas botellas de agua. Yo llevo mi teléfono móvil y el ordenador portátil con conexión *wifi*, por si acaso, ¡ah!, y las llaves del coche.

–César ha robado el cuchillo-lengua de Tonatiuh y nosotros tenemos que devolvérselo lo más pronto posible… Voy a decirle a mamá que nos vamos de excursión –añade levantándose y saliendo de su habitación.

–¿Tonaquééé? –pregunto a Rosita.

–Te lo cuento durante el viaje –me dice mi hermana desde el pasillo.

Actividades:
con la lectura (III)

1. Objetos

Aquí tienes diferentes dibujos. ¿Puedes identificar los que están en este capítulo? **Márcalos**.

2. Y tú, ¿cuáles de estos objetos llevas cuando vas de viaje? **Escribe** sus nombres aquí:

Capítulo cuarto

Los aztecas y la Piedra del Sol

Me gusta montar en el coche de Rosita. No es grande, pero es muy cómodo y tiene aire acondicionado. Ella lo llama cariñosamente "**Mi príncipe azul**" porque es **azul**, **azul**, y dice que siempre está a sus pies. Yo no entiendo mucho lo que quiere decir, creo que son cosas de chicas mayores.

Durante el viaje, mi hermana me explica que la imagen que me **ha enseñado** es una reproducción en color de la **Piedra del Sol** o **Calendario azteca**, pero no es un verdadero calendario. Me **ha contado** que es una piedra conmemorativa de una fecha sagrada para un pueblo antiguo llamado **azteca** o **mexica**.

Los **aztecas procedían** de un lugar mítico: Aztlán, situado al norte de México, y por eso los **llamaron** así. Cuando **llegaron** al valle de México, **cambiaron** su nombre por el de **mexicas** y **fundaron** la ciudad de Tenochtitlan, donde hoy está la Ciudad de México. Desde allí **crearon** un gran imperio porque **dominaron** el centro y sur de México desde el siglo XIV hasta el siglo XVI. Este pueblo **hablaba** una lengua llamada náhuatl y **escribían** con pictogramas o dibujos para contar su historia, geografía, economía y religión.

–...Bueno, **ya hemos llegado**. Ahora comienza lo más complicado: llegar al centro del

laberinto– comenta mi hermana mientras aparca el coche cerca de la entrada al **laberinto**–. Nos tenemos que **dar prisa**, el **cuchillo** está más **rojo** que antes.

Capítulo quinto
En el laberinto

¡Puf! ¡Qué cansado estoy! ¿No podemos sentarnos un rato? –le pregunto a mi hermana porque hace más de una hora que estamos dando vueltas y no hemos encontrado el camino correcto.

–Sí, Javi, tienes razón, yo también estoy cansada y necesito pensar. A ver... –dice mientras miramos en el suelo el dibujo de Tere y el de la

Piedra del Sol–. Tu amiga encontró a su perrito aquí y nosotros hemos dado toda la vuelta a este círculo y hemos vuelto a salir a los círculos exteriores… Un momento, un momento. ¡Claro! Es verdad, ¡¿cómo no lo he pensado antes?! Mira, hermanito, el círculo donde Tere marca el encuentro pertenece a la representación de los 20 días del calendario azteca, por lo que la entrada al siguiente círculo tiene que estar entre el primer día del calendario, el día "Cocodrilo", y el último, el día "Flor".

–Y, después, ¿cómo llegamos al último círculo, Rosita?

–Pues, primero tenemos que ir por el camino de la derecha y entrar en el primer cuadrado, a la izquierda. Los cuadrados representan las **cuatro épocas** o **soles** que los **aztecas vivieron** antes de la actual. Después, tenemos que seguir por la segunda época; es el cuadrado que está en el lado opuesto. Seguimos el camino y pasamos por el otro cuadrado, que es la tercera época **azteca** y, por último, la cuarta, aquí abajo. Desde ahí, entramos en el círculo que representa la época actual: **el quinto Sol**. Es aquí donde está el **dios Sol azteca**, **Tonatiuh**, al que tienes que devolver el **cuchillo**.

Rosita **ha marcado** en el plano el camino que tenemos que seguir. Ahora sí que no vamos a perdernos dentro del **laberinto de maíz**, ¡**qué bien**!

Mientras caminamos, mi hermana me cuenta que, según los **aztecas**, **han existido** **cuatro soles y cuatro tierras** antes de esta. La primera época o primer Sol es **Cuatro-jaguar**: el mundo, habitado por los gigantes, y **fue** destruido por las **fieras**. La segunda época o Sol es **Cuatro-viento**: **fue** destruido por **huracanes**, y los supervivientes **se transformaron** en monos. El tercer Sol es **Cuatro-lluvia**: **fue** destruido por lluvia de fuego, y los hombres **se transformaron** en aves. El cuarto Sol, **Cuatro-agua**: **fue** destruido por las **inundaciones**, y los hombres **se transformaron** en peces. La quinta época o Sol es la actual, se llama **Cuatro-movimiento**, *El Sol en movimiento*, y va a ser destruida por los **terremotos**.

–¡**Hurra**! ¡**Por fin**! Ya **hemos llegado**... pero, ¿qué es eso? –le pregunto a mi hermana señalando un gran **disco de piedra** con colores que está en el centro del último círculo.

–Es una reproducción de la **Piedra del Sol**. En el centro está representado el Sol de la quinta era, **Tonatiuh**, y tienes que devolverle su **cuchillo** ahora mismo porque ya está muy **rojo**. ¡**Date prisa**!

Actividades:
con la lectura (IV)

1. El lío

Ahora Tere necesita tu ayuda. **Has leído** que los aztecas **han tenido** cuatro épocas o soles antes de la actual y que cada una tiene relación con un animal, pero Tere todavía no lo sabe. ¿Puedes ayudarla a descubrir el animal que tiene relación con cada una de las épocas?

2. El laberinto

¿Puedes ayudar a Javi a entrar en el **laberinto** y devolver el **cuchillo**? Va a ser fácil si sigues las instrucciones que Rosita nos **ha dado** en este capítulo.

Capítulo sexto
Final de la aventura

¡Eh!, Rosita, cuéntanos el mito de los orígenes de la quinta era, la de *El Sol en movimiento*, por favor –le pido a mi hermana.

–¿Pero no estáis cansados? Hace tres semanas que me hacéis preguntas y más preguntas sobre los **aztecas**…

–Es que es tan interesante… y antes de la aventura de César no sabíamos nada –añade Tere–. Además, César también quiere oírla.

–¡Guau, guau! –afirma César a su lado moviendo la cola.

–Bien, pero la próxima vez buscáis los dos la información en la biblioteca o en Internet, que yo tengo que estudiar. A ver, por dónde empiezo…

"Después de ser destruido el mundo cuatro

veces, los dioses lo crearon por quinta vez, hicieron la tierra y la separaron del cielo. Restaurada la Tierra, los dioses se reunieron en Teotihuacan para crear de nuevo el Sol y la Luna, a los seres humanos y su alimento. Después de estar cuatro días alrededor del fuego divino decidiendo quién tenía que entrar en el fuego

para convertirse en Sol, **surgieron** dos candidatos: un **dios arrogante**, llamado **Tecuciztécatl**, el 'Señor de los caracoles', y un **dios modesto**, llamado **Nanahuatzin**, el 'Bubosillo'.

Llegado el momento de la prueba, el **dios arrogante** lo **intentó** cuatro veces, pero no **pudo** por miedo. Entonces, le **tocó** el turno al **dios humilde**, que **entró** sin dudarlo. Al ver esto, el **dios arrogante** también **entró** en el fuego. El **dios humilde**, que **fue** el primero en arder, **apareció** transformado en Sol y el **arrogante** en Luna.

Sol y Luna **aparecieron** en el firmamento, pero no **se movían**. **Fue** necesario el **sacrificio** de los otros **dioses** para poner en movimiento el Sol y la Luna. Pero **Tonatiuh**, el Sol, **ordenó** el **sacrificio** de los hombres para poder tener fuerza suficiente y seguir en movimiento, evitando el final de este Sol y este tiempo".

–Por eso la **lengua de Tonatiuh** es un **cuchillo de piedra**, el cuchillo para hacer los **sacrificios** que alimentan al Sol y le dan la energía para moverse –digo.

–Sí, y el **cuchillo** que César **cogió** –añadió Tere–. Nadie va a creer lo que nos **ha pasado**…

–…Además, Tere, siempre **has creído** que el **laberinto tenía** algo escondido, y gracias a Rosita **hemos resuelto** el **enigma**.

–Sí, pero César va a prometer ser un buen perrito y no meterse en **líos**. ¿Estás de acuerdo, César? –pregunta Rosita con un gesto señalando a César.

–¡¡¡**Buff**, **buff**!!! –responde César no muy alegre.

–¡Ja, ja, ja! –reímos Tere y yo–. Creo que César no está muy de acuerdo…

¡¡¡BUFF!!!
¡¡¡BUFF!!!

Actividades:
con la lectura (V)

1. La leyenda del quinto Sol

Cada una de estas imágenes tiene relación con una de las frases de la leyenda del quinto Sol, que están en la página siguiente.

¿Sabes identificarlas y copiar al lado de cada imagen el número de la frase correspondiente?

a. ....

b. ....

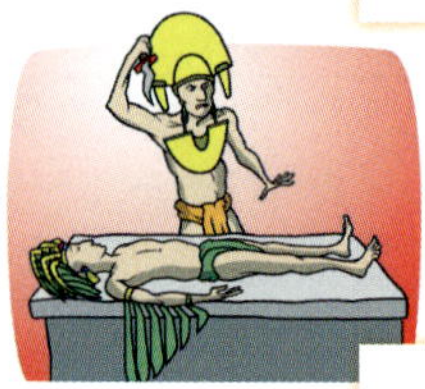

c. ....

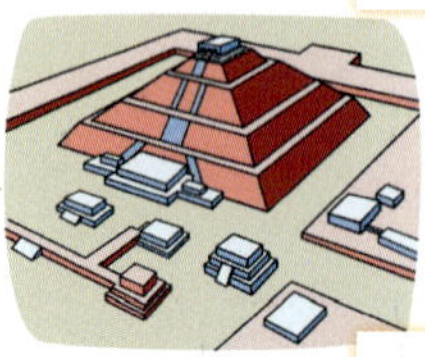

d. ....

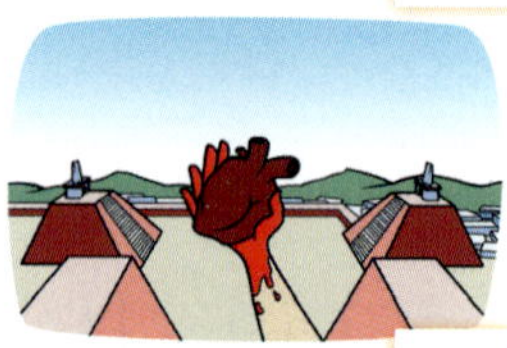

e. ....

f. ....

g. ....

1. ...los dioses se reunieron en Teotihuacan para crear de nuevo el Sol y la Luna...

2. Después de estar cuatro días alrededor del fuego divino...

3. Entonces, le tocó el turno al dios humilde, que entró sin dudarlo.

4. Al ver esto, el dios arrogante también entró en el fuego.

5. Sol y Luna aparecieron en el firmamento, pero no se movían.

6. Fue necesario el sacrificio de los otros dioses para poner en movimiento el Sol y la Luna.

7. Pero Tonatiuh, el Sol, ordenó el sacrificio de los hombres para poder tener fuerza suficiente y seguir en movimiento...

2. En este capítulo Rosita **ha contado** a Javi y a Tere la leyenda **azteca** de la era del Quinto Sol, *El Sol en movimiento*, que va a ser destruida por los **terremotos**. Las imágenes del **ejercicio número 1** representan momentos diferentes de la leyenda, pero parece que **ha habido** un **terremoto**, porque están desordenadas. ¿Puedes ayudarnos a ordenarlas? Seguro que después de hacer el ejercicio anterior es más fácil.

- La imagen número uno es la .... **d.**
- La imagen número dos es la .... ☐
- La imagen número tres es la .... ☐
- La imagen número cuatro es la .... ☐
- La imagen número cinco es la .... ☐
- La imagen número seis es la .... ☐
- La imagen número siete es la .... ☐

Actividades: después de la lectura

1. ¡Ay!

En la historia que **hemos leído** hay palabras o frases cortas que expresan alegría, amor, dolor, sorpresa… Se suelen escribir en los libros y en los cómics para expresar emociones, sentimientos o estados de ánimo de manera rápida y breve. Se llaman **interjecciones**.

Por ejemplo, ***¡Ay!*** expresa dolor.

Estas son las exclamaciones que aparecen en nuestra historia. ¿Sabes qué significan? Relaciona la interjección con su significado. Algunas pueden tener el mismo.

Alegría ------------------

Sorpresa ------------------

Asombro ------------------

Risa ------------------

Cansancio ------------------

Expresar si se ha comprendido ------------------

Llamar la atención ------------------

2. ¿Qué dicen los animales?

Podemos leer también el sonido que hacen los animales. Se llama **onomatopeya**, que es la imitación del sonido de algo por medio de la palabra. César, el perrito de Tere, cuando habla dice *guau, guau*, pero los perros no hablan, ladran. Uniendo las fichas de este dominó de animales, puedes saber el sonido que hacen y cómo se llama.

Puedes jugar solo o con tus compañeros.

Fotocopiar material para recortar.

¿Y cómo hacen los animales en tu lengua? ¿Es diferente?

Enigma en el laberinto de maíz

Solucionario

Actividades
antes de la lectura

1.

país	número	país	número
Argentina	13	México	1
Bolivia	10	Nicaragua	5
Chile	14	Panamá	7
Colombia	8	Paraguay	11
Costa Rica	6	Perú	15
Cuba	17	Puerto Rico	19
Ecuador	16	República Dominicana	18
El Salvador	4	Uruguay	12
Guatemala	2	Venezuela	9
Honduras	3		

2.

3.

Puedes hacerlo interactivo en:
http://www.educaplay.com/es/recursoseducativos/21163/mexico_lindo.htm

4.

5. **sayam:** mayas **sacetza:** aztecas

Actividades con la lectura (I)

1.

Nombre familiar	Nombre propio
1. Mari	(i) María
2. Conchi	(e) Concepción
3. Lola	(d) Dolores
4. Chus	(j) María Jesús
5. Pepe	(h) José
6. Manolo	(k) Manuel
7. Paco	(a) Francisco
8. Merche	(g) Mercedes
9. Juanjo	(b) Juan José
10. Charo	(c) Rosario
11. Maite	(f) María Teresa

2.

Argentina	argentino
Bolivia	boliviano
Colombia	colombiano
Costa Rica	costarricense
Cuba	cubano
Chile	chileno

Ecuador	ecuatoriano
El Salvador	salvadoreño
Guatemala	guatemalteco
Honduras	hondureño
México	mexicano
Nicaragua	nicaragüense
Panamá	panameño
Paraguay	paraguayo
Perú	peruano
Puerto Rico	puertorriqueño
República Dominicana	dominicano
Uruguay	uruguayo
Venezuela	venezolano

Actividades con la lectura (II)

1.

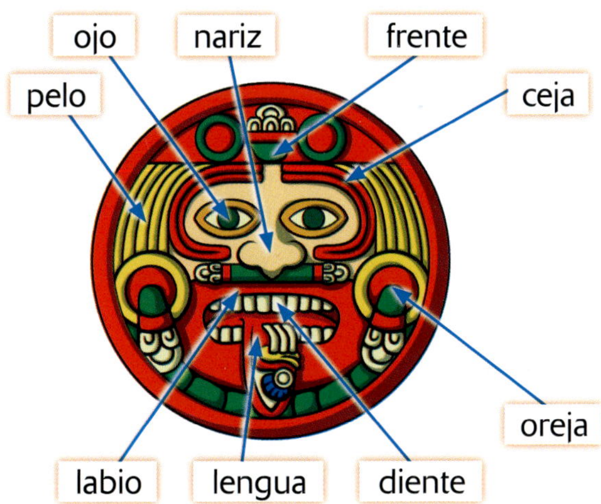

2.

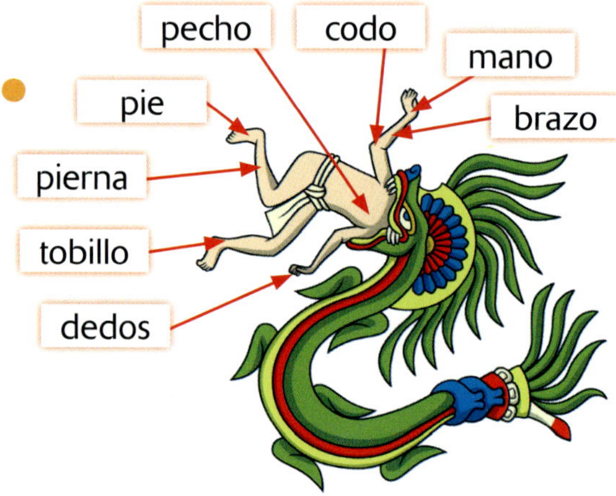

3.

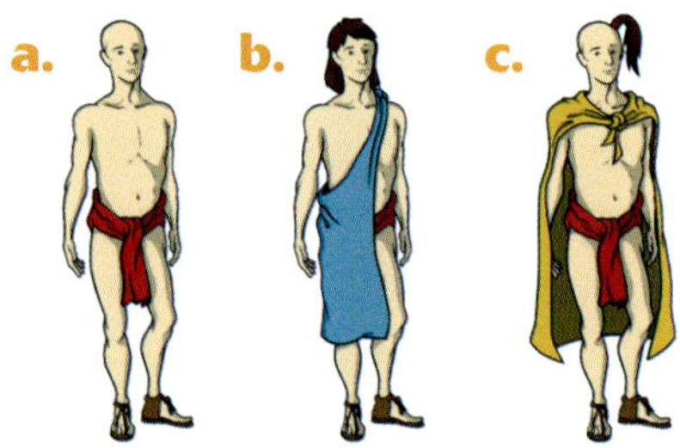

a. 1 y 3

b. 1, 2 y 3

c. 1, 2, 3

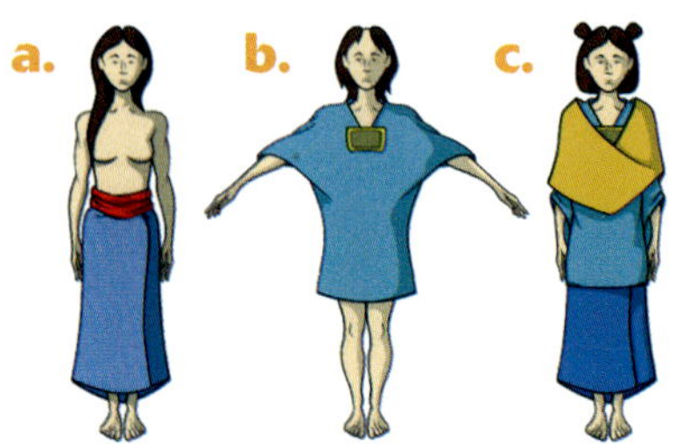

a. 2

b. 1

c. 1, 2, 3

La ropa de Javi y Tere:

a: zapatos, **b:** sandalias, **c:** pantalones, **d:** camiseta
e: blusa.

Actividades con la lectura (III)

1.

Actividades con la lectura (IV)

1.

2.

Actividades
con la lectura (V)

1.

a. .... **5.**

b. .... **3.**

c. .... **6.**

d. .... **1.**

e. .... **7.**

f. .... **4.**

g. .... **2.**

2. **1.** d; **2.** g; **3.** b; **4.** f; **5.** a; **6.** c; **7.** e.

Actividades después de la lectura

1.

Alegría .... ¡Hurra!
Sorpresa .... ¡Ah!
Asombro .... ¡Oh!
Risa .... ¡Ja, ja, ja!
Cansancio .... ¡Puf!
Expresar si se ha comprendido .... ¿Eh?
Llamar la atención .... ¡Eh! ¡Mira!

2.

Onomatopeya	Animal	Verbo	¿En tu lengua?
¡io, io!	burro	rebuznar	
¡iiii!	caballo	relinchar	
¡uicccc!	cerdo	gruñir	
¡cocococo!	gallina	cacarear	
¡kikiriki!	gallo	cantar	
¡miau!	gato	maullar	
¡cri cri!	grillo	cantar	
¡auuu!	lobo	aullar	
¡bee bee!	oveja	balar	
¡pío pío!	pájaro	piar	
¡guau guau!	perro	ladrar	
¡cuac cuac!	pato	graznar	
¡pío pío!	pollo	piar	
¡muuu!	vaca	mugir	
¡croac!	rana	croar	

Títulos disponibles

Gominola Roja:

El castillo alfabético. Pedro Tena
ISBN Lectura: 978-84-89756-68-7
ISBN Lectura con CD: 978-84-9848-332-1

Perla y Phuong (Una aventura asiática). Rosa Ortí
ISBN Lectura: 978-84-95986-81-8
ISBN Lectura con CD: 978-84-9848-333-8

S de safari (El safari de Dani). Francesc Lucio
ISBN Lectura: 978-84-95986-97-9
ISBN Lectura con CD: 978-84-9848-334-5

Gominola Naranja:

Aula mágica. Mercedes Ferrer y Paloma Frattasi
ISBN Lectura: 978-84-95986-30-6
ISBN Lectura con CD: 978-84-9848-335-2

Viaje al corazón de la selva. Raquel Lorente y Rubén Martínez
ISBN Lectura: 978-84-9848-149-5
ISBN Lectura con CD: 978-84-9848-336-9

Un viaje sorpresa. Ana María Henríquez
ISBN Lectura: 978-84-9848-085-6
ISBN Lectura con CD: 978-84-9848-337-6

Gominola Azul:

El mensaje secreto. Valentina de Antonio
ISBN Lectura: 978-84-95986-11-5
ISBN Lectura con CD: 978-84-9848-339-0

Aquí hay gato encerrado. Roser Noguera y Vijaya Venkataraman
ISBN Lectura: 978-84-95986-62-7
ISBN Lectura con CD: 978-84-9848-338-3

Gominola Verde:

El secreto de la pirámide. Alberto Madrona
ISBN Lectura: 978-84-95986-34-4
ISBN Lectura con CD: 978-84-9848-340-6

Carta en una botella. María Jesús Varela
ISBN Lectura: 978-84-9848-037-5
ISBN Lectura con CD: 978-84-9848-341-3

Claves de color para Gominola Naranja:

Amarillo: vocabulario complejo.
Azul: estructuras con pretérito perfecto de indicativo.
Rojo: palabras o estructuras del tema objeto de novelización.
Rosa fuerte: expresiones coloquiales y estructuras con pretérito imperfecto. Imperativo.
Verde: estructuras con pretérito indefinido.